AF349553

DU CHANT

CATHOLIQUE.

*(Extrait du **Bulletin monumental** publié à Caen
par M. de Caumont.)*

ARCHÉOLOGIE MUSICALE.

DU CHANT CATHOLIQUE;

PAR

STANISLAS DE SAINT-GERMAIN,

MEMBRE DE L'INSTITUT DES PROVINCES.

TROISIÈME LETTRE.

CAEN,

IMPRIMERIE DE A. HARDEL, RUE FROIDE, 2.

1852.

DU CHANT CATHOLIQUE.

TROISIÈME LETTRE.

A M. DE CAUMONT, fondateur de l'Institut des provinces et des Congrès scientifiques de France, directeur de la Société française pour la conservation des monuments historiques.

MONSIEUR,

Rien ne saurait justifier un aussi long retard dans la continuation de cette étude sur le chant catholique, si la polémique contemporaine n'avait éclairé tout-à-coup une question naguères enveloppée de ténèbres, et livrée à l'indifférence. Chaque progrès de l'opinion, chaque résultat de l'expérience amenait une modification à mes désirs. Ce que j'avais à dire d'abord, serait aujourd'hui superflu. J'arrive dans un temps plus favorable, et devant des esprits mieux préparés pour poser des conclusions. Ce délai est devenu une opportunité.

Le mouvement régénérateur auquel nous applaudissions, ne s'est pas ralenti. En peu d'années, l'esthétique chrétienne a multiplié ses conquêtes. Plusieurs des réformes que nous demandions ne sont déjà plus des vœux à émettre, mais des faits à constater. En dépit de graves événements d'un tout autre ordre, l'Eglise a constamment travaillé au triomphe de l'art religieux, et la voix des saints conciles sanctionnant nos doctrines de sa grave autorité, a proclamé de nouveau le plain-chant, la musique essentielle de la liturgie (1). D'encourageants essais ont été tentés, et de grandes cérémonies publiques ont merveilleusement mis en relief leurs heureux résultats. Le plain-chant est en honneur, et exécuté avec intelligence dans la plupart des églises de Paris et de beaucoup de villes de France. Enfin, l'Antiphonaire de St.-Gall ayant été publié, son éditeur, le R. P. Lambillotte a reçu le plus haut témoignage d'approbation, un bref de Pie IX.

Dans ces favorables conjonctures, je viens, Monsieur, présenter de nouvelles considérations sur un sujet que je continue de traiter au point de vue de la pratique. J'aborde enfin l'objet définitif de cette étude, à savoir : l'appréciation exacte, et la réhabilitation possible du plain-chant.

Que n'ai-je pu, dès le principe, envisager ainsi la question et vous épargner des tableaux qui pouvaient n'être pas goûtés de tous les lecteurs? Mais, pour démontrer la prééminence du plain-chant comme musique liturgique, il était nécessaire de flétrir avant tout quelques-unes des inconvenances de cette musique profane, qui se dit religieuse, et de signaler les inconvénients d'une musique qui n'est religieuse (au point de vue de l'art), qu'à force de science. Cette argumentation nous a du moins paru plus naturelle, plus convaincante (2).

(1) Les anciens conciles ont promulgué de nombreux décrets dans le même sens.

(2) Voici la substance des deux lettres publiées en 1846 :

Première lettre. L'archéologie chrétienne régénère la musique

Et toutefois, les sectateurs de l'art moderne opposent de
nouvelles difficultés, sinon plus sérieuses, au moins plus
spécieuses. Nous croyions leur avoir dit notre dernier mot. Il
faut encore renverser certaines objections entre mille, avant
de passer outre. Selon eux, « nous sommes de fanatiques anti-
« quaires, dénués de sentiment et de sens musical, ligués
« contre la propagation de la saine musique religieuse. En
« quelques traits de plume, plus ou moins obscurs, nous
« aurions la témérité de croire effacer des annales de l'esprit
« humain plusieurs des noms immortels qui y sont gravés;
« nous voudrions ternir une brillante phase de l'histoire de
« l'art, annihiler les pieuses inspirations du recueillement
« de tant de génies, entraver en plein XIXe. siècle la marche
« lumineuse de l'art musical, accomplir, en un mot, une
« œuvre de lèse-intelligence. Car enfin, qui ne reconnaît

d'église, comme toutes les autres branches de l'art, vandalisées. La
musique, en tant que plain-chant, est un organe liturgique essentiel.
Quoiqu'altéré dans sa forme primitive, ce chant a droit à nos respects.
Avant tout examen historique, il faut consulter l'expérience. Ridicule
et inconvenance d'une messe à grand orchestre dans une église. Par
opposition, tableau édifiant d'une simple messe en plain-chant, où
toutes les convenances sont gardées. Souvenir d'une cérémonie musicale vraiment chrétienne, à Beauvais en 1840. — Mot d'un compositeur,
et sentiment de Baillot.

Seconde lettre. Aussi déplacée dans le sanctuaire que les oripeaux
du théâtre, la musique séculière n'y fait pas meilleur effet. Qu'elle soit
encore jugée par l'expérience. Toute la question pourrait se réduire à
cet axiôme : *une musique n'est pas religieuse qui peut indifféremment
revêtir des idées profanes, et ne manifeste pas la pensée dominante
des paroles liturgiques.* Ce principe rigoureux fait crier à la barbarie :
prouvons aux vulgarisateurs consciencieux, mais passionnés de la musique moderne dans nos temples, que, 1°. leur musique, généralement
parlant, n'en mérite pas le nom ; 2°. la musique, savante ou sévère,
n'a pas, malgré son mérite intrinsèque, les caractères que la liturgie
impose, et que possède si bien le chant catholique.

« pas d'autre musique religieuse que le plain-chant, renie
« Palestrina, Handel, Marcello, Beethoven, Mozart, Haydn,
« Cherubini, Neukomm, Dietchs et cent autres écrivains de
« talent et de génie. Qui veut exclure cette musique de
« l'office divin, condamne toutes les chapelles à une éternelle
« monotonie. Une si sauvage prétention ne pourra se faire
« jour, et prévaloir dans un temps aussi éclairé que le
« nôtre. »

Ces cris de colère auront fait explosion dans la poitrine
indignée de maints *dilettanti* fort exclusifs, quand leur
regard dédaigneux sera tombé sur nos lettres précédentes.
Voir congédier de l'église brusquement et coup sur coup la
musique théatrale d'abord, puis cette musique même qu'on
dit religieuse, et qu'on vient écouter dans nos temples avec
tant d'avidité, leur paraît dur. Que, par sentiment des
convenances, on en proscrive la première, celle dont les
nuances vives, les contrastes dramatiques, les accents
passionnés allument les sens, et mettent en rêve l'imagination
des auditeurs, passe encore! Mais qu'on veuille réprouver
aussi la seconde, celle qui surgit dans la pensée des harmonistes de la méditation même des textes sacrés, celle qui,
dépouillant toutes les formes sensuelles de l'art, résume et
concentre les mélodies onctueuses, les graves accords, les
combinaisons sévères, voilà ce qui les révolte! Ou plutôt,
hochant la tête de pitié, ils ne voient là qu'une prétention
d'obscurantisme, un aveuglement de parti, une anomalie
rétrograde. C'est, disent-ils, par fanatisme pour le moyen-âge
et aversion pour l'art moderne que nous voulons chasser la
musique de l'église (1).

(1) Le reproche de manquer de sens musical arrive singulièrement
à notre adresse. En tout cas, nous laissons, pour le moment, la question
d'intérêt archéolog'que entièrement de côté. On trouvera sans doute que
c'est plus que de la générosité de notre part.

Assurément non, le sentiment et l'intelligence ne nous abandonnent pas dans cette polémique. Daignent remarquer nos adversaires que, préoccupés avant tout d'une réforme praticable, nous concluons pour les masses, et non pour l'infiniment petit nombre des musiciens érudits. Nous ne sommes pas utopistes, mais praticiens. Et sans doute, nous serions fort mal venus à blâmer un compositeur qui, s'inspirant des sentiments d'adoration rendus à Dieu dans le culte catholique, s'efforcerait de les traduire dans la langue de son art. Nous aimons à rendre justice aux chefs-d'œuvre des maîtres, nous y reconnaissons des beautés de premier ordre, des mouvements sublimes, des traits profonds, une science infinie, un art prodigieux ; harmonistes, nous en faisons l'étude de toute notre vie; instrumentistes, nous y trouvons des délices d'exécution. Ceci n'infirme en rien notre opinion que le plain-chant est le seul chant liturgiquement possible. Tout le monde sait bien d'ailleurs que sur mille auditeurs d'un office musical, il n'y en a quelquefois pas quatre en état non seulement de comprendre l'œuvre, mais même d'en éprouver une satisfaction raisonnée ; et c'est là ce qu'on voudrait préférer au chant populaire par excellence, que tous les fidèles savent et comprennent; cela ne se peut en bonne logique. Puis, de deux choses l'une : ou l'auditeur est charmé, ou il est ennuyé d'une musique dont le moindre défaut est de contrarier sans cesse les intentions de la liturgie. S'il en est charmé, son esprit s'absente de la célébration des saints mystères ; il oublie le symbolisme des cérémonies, pour se perdre dans le vague des rêveries. S'il en est ennuyé, la fatigue qui en résulte le distrait plus facilement encore, et lui rend fastidieuse l'assistance aux offices. Or, le chant grégorien (l'expérience est faite) n'a' jamais eu ces inconvénients. Accessible à tous, il a de plus le mérite de correspondre fidèlement aux besoins du culte catholique. Ainsi, nous ne voulons pas que la musique proprement dite, ancienne ou moderne, légère ou sérieuse, remplace le plain-chant, que l'orgue accompagnateur soit une monotone et pâle copie de l'orchestre, que les choristes conduisent au lutrin leurs voix à la manière des chanteurs de théâtre, en un mot que l'art profane siége dans nos temples catholiques au détriment du véritable art religieux.

Telle est notre conclusion sur la musique.

Pour achever de remplir mon cadre, il me reste : 1°. à établir que le plain-chant possède seul les caractères propres à la musique d'église; 2°. à constater l'état actuel de ce chant, et de son exécution; 3°. enfin à signaler les principales réformes dont il est susceptible à notre époque, toutes convenances gardées, toutes exigences satisfaites.

Ainsi : caractères, état, réformes, voilà l'objet des trois dernières lettres que vous me permettrez encore de vous adresser (1).

Dans celle-ci, nous examinons les caractères du chant catholique.

CARACTÈRES.

Il s'agit ici du plain-chant dans l'acception la plus large du mot. C'est-à-dire que, sans nous inquiéter encore des mutilations qui lui ont été infligées par le mauvais goût, et les modifications sans nombre que le temps et les lieux lui ont fait subir depuis son origine jusqu'à nos jours, nous le prenons tel qu'il est. Nous ouvrons le graduel et l'antiphonaire sans arrière-pensée de critique, et nous recherchons sur

---

(1) J'avais espéré pouvoir traiter ces trois chapitres dans une même lettre, mais si resserrés que soient mes développements, l'abondance des matières m'oblige d'en faire trois lettres différentes.

leurs pages actuelles les caractères du plain-chant qu'il im-
porte de constater.

Préalablement, une observation sur la critique musicale.
Pour apprécier sainement en une matière aussi délicate, il
faut affranchir son esprit de toute préoccupation de mode,
de toute inclination particulière, de tout préjugé d'école.
Chacun, sans doute, a sa prédilection innée, il est instinc-
tivement porté vers un culte spécial, mais la préférence
n'entraîne pas l'exclusion. Or, rien n'est plus faux qu'un
esprit exclusif. Et ce principe si vrai en général devient plus
rigoureux en matière d'art. C'est pourtant sur ce terrain qu'on
est le plus arbitraire, et qu'on se croit le plus en droit de
trancher selon son goût et ses impressions personnelles. Tel ne
voit que la musique dramatique, tel ne veut entendre parler
que de symphonie ou de musique de chambre, tel autre n'aime
que les romances, tel enfin ne comprend que la musique
religieuse. Ce système d'appréciation est absurde. Car, avec un
peu de réflexion, on verra qu'il y a du mérite et du savoir
faire dans tous les genres. En littérature, il peut y avoir
autant de génie (toute proportion gardée) dans une fable de
La Fontaine que dans une tragédie de Voltaire, dans une
chanson de Béranger que dans un poème de Châteaubriand.
De même, en musique, certaines romances ont infiniment
plus de fraîcheur d'inspiration qu'un oratorio tout entier, et
tels opéras n'ont pas les beautés d'un simple quatuor de
Beethoven. Tout est relatif. Chaque genre de musique a sa
beauté, et encore une fois, c'est mal procéder que de les
vouloir juger par comparaison.

Évitons pour notre compte ce piège commun où vient se
prendre le bon sens de tant de critiques; et sans prétendre
que rien n'est comparable au plain-chant, disons seulement
(et cela suffit à notre thèse) que le plain-chant est parfaitement et seul convenable aux offices de l'église. Hé quoi!

vous trouvez dans une romance, une cantate, une mélodie, une barcarole, etc., le suprême cachet d'élégance et de bon ton d'une musique récréative, vous découvrez dans le drame lyrique toutes les qualités qui conviennent à la scène, dans la symphonie tout ce qui peut nourrir l'esprit attentif du dilettante ; soyez donc justes, et par une conséquence rationnelle, accordez avec nous au plain-chant tous les caractères qui peuvent seuls constituer le vrai chant catholique.

Domus mea, domus orationis. Ma maison, est une maison de prières, a dit N. S. J.-C. à ces marchands impies qui ne craignaient pas de transformer le temple en marché. Cette divine parole, en renfermant une leçon sévère pour tous ceux qui travestissent la maison de Dieu en lieu mondain par le concours des arts profanes, nous indique le caractère dominant que doit avoir le chant ecclésiastique. Si une église est avant tout le temple de la prière, le chant à son usage doit être la plus parfaite expression de la prière, une prière lui-même. Nous l'avons déjà reconnu, en disant que la musique prétendue religieuse n'avait pas ce caractère, et il est facile au contraire de le vérifier ici.

Que le plain-chant soit une prière, c'est une proposition qui semble prouvée par le simple énoncé du mot (1). Il a tellement pris corps avec les paroles liturgiques, la fusion de l'élément mélodique et de l'élément littéraire est si complète, que le chant et les paroles composent un tout homogène. Ainsi l'air d'une prose ou d'une hymne joué sur l'orgue, appelle instantanément dans l'âme de l'auditeur les paroles et le sens de cette prose, de cette hymne. De même que si, pendant le silence de vos méditations, vous venez à proférer

____

(1) M. Joseph Régnier a dit avec raison : « L'orgue est religieux, ou il n'est rien. » Ne pourrait-on pas dire avec plus de raison : le plain-chant est religieux, ou il n'est rien ?

quelqu'une des prières de l'église, involontairement le
chant nous revient en mémoire; vous priez, vous chantez
à la fois, c'est une harmonieuse prière, sublime langage
de notre mère la sainte Eglise que vous adressez à Dieu.
Et ce qui se passe en vous n'est point un fait isolé, il s'ac-
complit depuis des siècles et tous les jours chez des milliers
de catholiques. Or, je le demande cette union de la mélodie
avec le mot de la prière existerait-elle aussi intime si le chant
n'en traduisait fidèlement le sens dans la langue musicale?
Cette corrélation serait-elle aussi parfaite si une même
pensée ne se rencontrait sous deux formes d'expression?
Le secret de cette haute convenance, le voici.

Les prières de l'église ont souvent été écrites et mises en
musique par les mêmes auteurs. Poètes et musiciens à la fois,
ces compositeurs sublimes priaient et chantaient en même
temps. Absorbés dans les méditations des mystères sacrés,
ils voyaient dans le fond de leur âme le sens intérieur, et ce
que nous appellerons le sens extérieur de la prière. Un écrivain moderne a dépeint ce travail de la pensée en idéalisant
l'inspiration d'une hymne populaire. « L'artiste composant
« tantôt l'air avant les paroles, tantôt les paroles avant l'air,
« les associait tellement dans sa pensée qu'il ne pouvait
« savoir lui-même lequel de la note ou du vers était né
« le premier, et qu'il était impossible de séparer la poésie
« de la musique, et le sentiment de l'expression » (1). C'est
ainsi que le pathétique *Te Deum* est sorti d'un seul jet du
cœur enflammé d'Ambroise, comme la lave brûlante du
volcan. Nous avons mille exemples du même fait. Si la Bible
fournissait au liturgiste le texte d'un répons, d'une antienne
ou de toute autre partie de l'office, le double sens de la
prière se révélait non moins étroitement à son imagination

(1) Lamartine, *Histoire des Girondins*, t. 2, p. 448.

créatrice. Qui puise dans les écritures, y choisit les textes qui élèvent et agrandissent une pensée.

Toutefois, il serait paradoxal et même ridicule de prétendre qu'un chant, par cela seul qu'il n'émanerait pas du même auteur que les paroles, ne pourrait avoir avec elles cette affinité dont nous parlons. D'une aussi téméraire assertion, chaque page des antiphonaires serait le démenti. De pieux et savants docteurs ont ignoré l'art d'écrire en musique, et réciproquement, de fort habiles musiciens sont demeurés étrangers à toute espèce de littérature. Dira-t-on que l'office du St.-Sacrement manque de cachet, parce que l'ange de l'école en a adapté certaines parties sur de vieux chants, tombés peut-être en désuétude, parce qu'il en a confié d'autres à un mélodiste contemporain. Loin de là. On s'accorde à remarquer la pieuse convenance de cet office. Il y a donc encore quelque chose à dire. Sous l'empire des idées de la foi, à l'origine du christianisme comme au moyen-âge, existaient des musiciens de profession exclusivement voués au service de l'Eglise. Artistes chrétiens, dignes de ce nom, ils ne se recrutaient pas sur les planches du théâtre, mais ils étaient pour la plupart engagés, au moins, dans les ordres mineurs ; sans ambition comme sans envie, ils achevaient leur vie au même poste, qui, chantres canoniques, qui, clercs, qui, organistes, qui, joueurs de violes. Ces hommes d'abnégation ne faisaient point de religiosité dans l'art par fantaisie, ou par romantisme ; ils croyaient en esprit et en vérité, de bouche et de cœur, de paroles et d'action. Si le sentiment de la foi guidait le crayon de l'architecte, le ciseau du sculpteur, le pinceau du verrier, n'animait-il pas, à plus forte raison, la voix ou l'instrument de celui qui proférait les louanges de Dieu, n'inspirait-il pas le génie du compositeur qui les écrivait ? Lors donc que celui-ci avait à traiter un texte dont il n'avait pas préconçu l'idée, il ne lui fallait pas, sans doute, de grands efforts d'intelligence pour s'identifier à la pensée du sujet, et sa piété, surexcitée par le thème proposé à son imagination, lui dictait des accents parfaitement harmoniés au sens liturgique. L'art musical s'étant réfugié avec tous les autres à l'ombre du cloître, ce fut surtout dans ces vastes foyers civilisateurs et intellectuels, modestement désignés sous le nom d'abbaye, que la liturgie du moyen-âge s'enrichit des productions combinées de la littérature et de la musique chrétiennes.

Passons aux exemples.

En certains temps de l'année ecclésiastique, les fidèles sont plus spécialement invités au recueillement et à la pénitence, soit par les mystères célébrés, soit par la préparation à ces mystères. L'église alors revêt des ornements aux couleurs sombres, les décorations somptueuses disparaissent, un voile de deuil s'étend sur les images des saints, et celle du Christ elle-même finit par être cachée dans des jours plus lamentables. La liturgie ne renferme que des sentiments de componction ; tout en elle porte un cachet de tristesse, et ses chants répondent au langage des cérémonies. Qui de nous, pendant l'Avent, le Carême, ou la Semaine-Sainte, ne s'est, avec tout un peuple, prosterné au pied des autels, aux accents du *Parce Domine*, du *Domine non secundum*, du *Crux fidelis* . . . etc. A ces époques privilégiées, les chants d'église auront un ton plus suppliant, par leur correspondance toujours fidèle avec les paroles liturgiques. Ceci est tellement connu, tellement éprouvé que les citations deviendraient superflues.

Dans les offices ordinaires de l'année on rencontre à certains moments des prières plus positives. C'est le *Veni Creator* qui précède la messe du dimanche en plusieurs diocèses, c'est l'*O salutaris*, c'est à complies le répons *In manus*, c'est une des antiennes de la Sainte Vierge, cinq chefs-d'œuvre inimitables de mélodie, contre lesquels la musique, même savante, est toujours venue échouer dans de malheureux efforts d'interprétation. Il en est de même de certains *Salve Regina* en plain-chant moderne, qui n'ont servi qu'à relever l'incomparable suavité de l'antique et populaire *Salve Regina*, connu partout dans la chrétienté.

On connait l'auteur de cette touchante invocation à la Sainte Vierge. Adhémar de Monteil, ancien chevalier, évêque du Puy, et en cette qualité nommé par Urbain II chef de la première croisade, composa à son départ pour la Terre Sainte, au mois d'octobre 1096, le *Salve Regina* comme chant de guerre des Croisés. Plus tard, un autre apôtre des croisades, saint Bernard, y ajouta les mots : *O clemens, O pia, O dulcis Virgo Maria.* Ce fait prouve, sans qu'on n'y ait peut-être jamais songé, que le chant ordinaire, est vraisemblablement le primitif. En effet, ôtez la pieuse addition de saint Bernard, l'antienne marche en six strophes régulières, presque métriques, et si le sens littéral est achevé par les paroles *post hoc exilium ostende*, on peut remarquer aussi que la conclusion mélodique aboutit au même terme. La véritable finale précède les exclamations de saint Bernard. Or, comme la même observation n'est pas applicable aux autres chants du *Salve Regina*, il faut en conclure que celui-ci est contemporain d'Adhémar de Monteil.

Je ne passerai point sous silence le magnifique office des morts, tant et universellement admiré, et dont les beautés ne sont d'ailleurs si bien senties qu'en raison de l'analogie parfaite de sentiments des auditeurs. Les larmes de ses notes ont un infaillible écho dans l'âme affligée qui les profère, et la concordance de ses accents plaintifs avec les draperies noires, les cierges funéraires, un catafalque, un cortège lugubre, une famille éplorée, touche même les indifférents.

Mais il suffit d'indiquer ces chants remarquables, ces morceaux d'élite, qu'on pourrait appeler les chefs-d'œuvre

du genre, pour y faire reconnaître ce caractère de prière,
ou d'invitation à la prière que nous attribuons au plain-chant,
et cela, par l'intime adhérence du mot et de la note. Les
sentiments et la mélodie se fondent tellement dans une même
nuance, que le texte pourrait en quelque sorte disparaître
sous son enveloppe musicale sans nuire à l'effet, et sans
offenser des oreilles catholiques. Le cachet du temps de l'année
ecclésiastique y est si bien imprimé, que la mélodie seule
est effectivement une prière.

Et toutefois dira-t-on, le chant liturgique ne doit pas
toujours avoir une couleur semblable. La demande, la pénitence, le deuil ne sont pas les seuls mobiles de la prière des
offices. Souvent c'est une exposition de vérités ou de faits,
une simple contemplation (comme dans la plupart des
introïts, des graduels, des offertoires, des antiennes et des
répons), auxquelles la phraséologie uniforme du récitatif
semble mieux convenir; mais lorsque s'inspirant des sentiments
d'actions de grâce et de louange enthousiaste qui caractérise
les grandes solennités, la prière prend le ton lyrique qui se
remarque dans les hymnes et les proses, comment alors, le
plain-chant, si incolore de sa nature, se prête-t-il à tous les
contrastes, à toutes les images de la poésie ? C'est ce que vous
me permettrez d'examiner.

Arrêtons-nous à l'étude d'une œuvre de ce genre qui nous
serve de type. Prenons par exemple la séquence de la Toussaint,
Sponsa Christi

Cette prose n'est pas née à la belle époque de l'art religieux,
en ce grand XIIIe. siècle qui fut comme l'apogée de la poétique
chrétienne, qui bâtit nos merveilleuses cathédrales, et nous
dota de tant de chefs-d'œuvre. Elle n'est donc pas contemporaine du *Dies iræ*, du *Victimæ Paschali laudes*, et autres.
Elle est d'un temps où la décadence se faisait pressentir, et a
pour auteur un chanoine de Paris du XVe. siècle. Néanmoins,

composée selon les traditions toutes vivantes encore de l'art ecclésiastique, elle offre des beautés de premier ordre.

Comme littérature, d'abord, c'est une poésie toute mystique, un thême digne du ciel. « L'épouse militante du Christ « ne pouvait se convier plus solennellement à célébrer elle-« même les sublimes triomphes de ses enfants couronnés. » Après un début pompeux elle énumère avec magnificence, et dans leur degré d'élection, les principaux membres de la hiérarchie prédestinée. « L'armée des célestes lauréats est « conduite par la Vierge-mère, près de son fils. Suivent les « esprits angéliques offrant mille concerts de louanges au « Dieu des mondes. Jean, supérieur aux prophètes, hérault « précurseur du Christ, les patriarches, les prophètes « répliquent sur un rhythme mélodieux. Elevés sur des « trônes de gloire, les princes du sacré sénat, juges magna-« nimes de la terre, pèsent les actions du genre humain. « Prodigues de leur vie, les martyrs empourprés de sang, « ayant entrevu la vie sous la mort, se réjouissent de « posséder la paix. La foule auguste des confesseurs, les « lévites, les pontifes qui ont dédaigné le luxe du siècle, « resplendissent de gloire. Les vierges consacrées à l'Agneau, « pompe toute nuptiale, couronnent à l'envi l'époux de lys « et de roses. L'heureux partage de tous est de rendre gloire « à Dieu, de le proclamer trois fois puissant, de le redire « trois fois saint. » Quelle poésie! et combien ces images d'une noble richesse, combien certaines expressions telles que : *Auspicati morte vitam, purpurati martyres,* laissent en arrière toutes les odes d'Horace, de Pindare, tout le lyrisme de l'antiquité! L'auteur s'est inspiré de l'Apocalypse, ce livre qui résume à lui seul toutes les beautés de l'Ecriture, où, selon Bossuet, « tout ce qu'il y a de plus touchant, de « plus vif, de plus majestueux, dans la loi et les prophètes, « y reçoit un nouvel éclat, et repasse devant nos yeux pour

« nous remplir des consolations et des grâces de tous les
« siècles » (1) Ayant à chanter la gloire des saints dans
l'Eglise triomphante, où pouvait-il mieux puiser que dans
cette sublime révélation de J.-C. à saint Jean? C'est là qu'il
a vu le triomphe de la Vierge-mère, le rôle sacré des anges
à la cour céleste, l'honneur rendu aux patriarches et aux
apôtres figurés par les vingt-quatre vieillards assis sur des
trônes comme assesseurs du souverain juge, le prix du sang
des martyrs, les mérites des confesseurs, l'éclat et la douceur de la majesté sainte de l'Agneau, la valeur des prières
des saints au ciel, l'immortelle gloire et félicité de tous les
élus, les prérogatives de ceux qui ayant vécu dans une perpé-
tuelle continence, chantent un cantique particulier, et
suivent l'Agneau partout où il va.

Pour traduire cette page sublime dans la langue de son art,
un compositeur moderne ne trouverait pas d'accords assez
majestueux, d'effets d'orchestre assez éclatants, de chœurs
assez formidables. Malgré de laborieux efforts, jamais il ne
s'élèverait au niveau de cette poésie, jamais il n'atteindrait le
résultat que l'écrivain liturgiste a obtenu par des moyens
simples et à la fois grandioses.

Voyons comment celui-ci remplit le programme qu'il
paraît s'être imposé :

Hæc dies, cunctis dicata,
Mixta cœli gaudiis,
Læta currat, et solemni
Personet melodia.

« Que ce jour, à tous concacrés, empreint des joies
« célestes, passe allègrement, et retentisse d'une mélodie
« solennelle. »

A la première invocation adressée à l'Eglise militante, le

(1) Bossuet, *Préface sur l'Apocalypse commentée.*

barde ajoute son invocation à la muse, comme diraient les poëtes, et semble accorder sa lyre.

Considéré dans son ensemble, le chant respire une solennité parfaitement analogue au sujet. Le début frappe surtout par sa grandeur ; c'est un exorde digne et pompeux.

On remarquera d'abord l'emploi du rhythme ternaire. Sans avoir à prononcer sur l'opportunité de l'introduction de la mesure dans le plain-chant, nous pouvons en passant la tenir pour regrettable en raison des abus monstrueux qu'elle a provoqués. Cette musique bâtarde, dite *chant mesuré*, est la plus impropre de toutes celles qui aient été en usage à l'église. Le rhythme détruit sans retour cette placidité vague qui caractérise éminemment le chant qui *plane* dans les espaces, ou si l'on veut le *chant plane (cantus planus)*, admirable accent de la grande voix du peuple en prière ; à entendre ses larges notes ondulant sous la profondeur des voûtes, on dirait la fluctuation d'une mer assoupie, dont les lames viennent expirer sur la grève, lentement, avec calme, et en cadences indéterminées. Rien de heurté, de scandé, de saccadé, ni de compté avec cette précision symétrique que l'homme goûte naturellement, mais qui toutefois n'est pas dans la nature, parce qu'elle emporte avec soi l'idée d'étude. Pour bien sentir cette observation, comparez l'effet du *Lauda Sion* avec celui d'une prose à trois temps. La mesure qui est l'âme de la musique, est subversive du plain-chant par excellence. Nous n'entendons pas par là supprimer toute espèce de nuance et de rhythme ; ceci est une autre question qui sera traitée en son lieu et place.

Quoi qu'il en soit, le rhythme ternaire du *Sponsa Christi* a eu cet avantage que certains motifs, calqués fidèlement sur ceux de la prose de Pâques, ne sauraient constituer un plagiat, mais sont devenus une heureuse imitation. Il faut de l'attention pour découvrir cette parenté, et jamais l'idée n'en viendrait même à l'audition consécutive des deux morceaux, grâce à ce mouvement cadencé qui travestit adroitement les réminiscences musicales. Ainsi pour le premier vers de chaque séquence :

Sponsa Christi quæ per orbem
Victimæ Paschali laudes

le chant est identique, à la mesure près. Il y a d'ailleurs analogie entre les textes. De part et d'autre, c'est une adresse aux enfants de l'église exprimée avec un égal bonheur. Mais au second vers, l'imitation cesse, et sur les paroles *prome cantus*, l'harmonie devient réellement imitative.

La seconde strophe répète la première, quant à la mélodie, et ainsi, comme c'était généralement l'usage dans les proses liturgiques, le chant varie de deux en deux, jusqu'à la fin du morceau.

Rien de plus gravement majestueux dans son allure, que le motif des suivantes : *Laureatum ducit agmen. . . . . .* etc. Il part de la teneur grave, et remonte à la finale par cette septième non sensible qui caractérise l'échelle du premier ton, et ne la laissera jamais confondre avec la gamme mineure de la musique. Aussi, pour accompagner ce passage est-il nécessaire de donner l'accord de *la*, puis celui de *ré*, tous deux mineurs. Cette succession porte un cachet *à capellâ*. J'en appelle aux organistes qui comprennent le plain-chant. Ici encore, on rencontre un souvenir de la séquence de Pâques, des paroles : *dic nobis Maria*. Il y a plus de régularité, plus d'art, la période se décompose mieux, mais convenons-en, quelle différence avec ce sublime désordre du dithyrambe pascal, avec ce dramatique du dialogue entre les chrétiens et Marie Salomé.

His Joannes rate major. . . . . . etc. Suavité, douceur et mélancolie semblent inspirer cette phrase mélodieuse.

Transportée à la main droite, chantée par des jeux doux, soutenue de la sixte inférieure doublée d'une basse légère et intermittente, elle acquiert un nouveau charme. Le barde s'est souvenu de *dulci melo*. La terminaison qui est commune à quatre strophes rappelle encore la mélodie du vers pascal : *immolent christiani*.

Une modulation brillante tranche avec éclat sur les mots : *Prodigi vitæ*. . . . . . etc. L'harmonie peut déployer ses richesses. Cet élancement des voix est un cri d'admiration chrétienne qui part de toutes les poitrines au seul nom des martyrs, des confesseurs et des glorieux héros de l'évangile. C'est aussi l'ardente aspiration des cœurs brûlants du désir de suivre les saints dans la carrière, de s'attacher à leurs traces, pour parvenir à la même gloire éternelle. Involontairement on se souvient de *Da tuis fidelibus*. . . . . . etc., prose de la Pentecôte, et bien que les deux mélodies aboutissent différemment, l'imitation devient plus sensible parce que le *Venite Sancte Spiritus* est également mesuré.

Le chant qui suit rentre davantage dans le ton général du morceau. Il a de l'accent, du pathétique, du pompeux. *Pompa nuptialis*. . . . . . etc. En achevant de dérouler le tableau du ciel, l'auteur fait coïncider une des plus gracieuses images de sa poésie avec une des belles inspirations de sa musique.

Toute majestueuse qu'elle soit, la séquence de la Toussaint a une couleur mélodique parfois austère; au déclin d'une période solennelle on croirait ouïr une lamentation. Cette note mélancolique succédant par intervalle aux exclamations d'allégresse, comme ces larmes noires qui parsèment le champ argenté de l'hermine, ne serait-elle pas une imperceptible révélation de ce sentiment indéfinissable de crainte, avec lequel, nous autres chrétiens militants, nous parlons du ciel comme des exilés s'entretiennent d'une patrie où ils ne sont pas sûrs d'arriver? L'idée semble du moins se trahir, lorsque, ravie dans la contemplation des splendeurs célestes, l'âme chrétienne jette une dernière exclamation. « Heureux « élus! ô vous qu'un Dieu comble de félicité, accédez à nos « vœux suppliants, soyez-nous tous favorables. De la source « féconde versez sur la terre les dons jaillissants; pour « nos jours obtenez-nous la paix, afin qu'après avoir « servi notre Dieu, soumis et sanctifiés, nous devenions « les compagnons de votre gloire présente. » Cette prière comprend les trois strophes finales. Le chant se ralentit, les voix se prosternent, le rhythme est abandonné de force majeure. Cette mélodie est admirable, et offre encore, notamment aux derniers versets, de riches modulations.

Si le lecteur veut bien consulter ses impressions sur cette œuvre de lyrisme liturgique, il pourra reconnaître quelque justesse à mes remarques. J'espère en avoir assez dit, pour démontrer que dans la prose *Sponsa Christi* le plain-chant répond, par l'ampleur et l'élévation du style, à la poésie de l'ode sacrée. La même étude continuée sur d'autres morceaux de ce genre, amènerait aux mêmes conclusions. Je signalerai comme plus dignes de l'examen des connaisseurs les séquences de Pâques, de la Pentecôte, du Saint-Sacrement et de l'Epiphanie, les hymnes de la Dédicace, du Saint-Sacrement, et de Noël. Parlerai-je encore du cantique d'actions de grâces de saint Ambroise, du *Te Deum*, dont les beautés captivent les plus inattentifs? Dès l'enfance, j'ai été, comme tant d'autres, frappé de la magnificence de cette prière. C'était dans une humble église de campagne, où mon père me conduisait par la main. Un chœur de villageois, peu mélomanes, renforcé du serpent, au-dehors les vibrations de la cloche antique, semblaient faire assaut de sonorité. Ainsi se terminaient les matines des grandes fêtes. Le *Te Deum* entonné sur la colline, se rencontrait avec le premier rayon du jour qui colorait l'humble vitrail; l'émotion courait dans la pieuse assemblée, et l'enthousiasme religieux dilatait toutes les poitrines. Depuis, je l'ai entendu ce même cantique, en beaucoup d'églises, dans bien des pays, et de très-diverses manières; en faux-bourdon, en contrepoints, en alternances des fidèles avec un orgue savant ou prétentieux, à grand et petit orchestre avec chœurs, enfin à l'union de plusieurs milliers de voix. Eh bien! ce dernier mode est incontestablement le meilleur, je dis plus, le seul convenable. Saint Ambroise a composé un chant populaire, une mélodie simple qui tire tous ses effets de l'unité du son, et pour laquelle tout accompagnement devient une superfétation insipide. Les voix réunies d'une multitude, sonnant l'octave, et quelquefois la double octave par leurs différents registres, roulent et mugissent comme les grandes eaux, s'élèvent ou retombent en courbes majestueuses. Le plain-chant, ainsi proféré, n'est comparable qu'à lui-même, et donne un avant-goût des hymnes du ciel. Son attraction est irrésistible, sa force triomphante, il semble devoir entraîner le cœur de Dieu lui-même.

Oui, voilà le chant de l'église, le chant qui prie, et fait prier.

Comment la musique (dite religieuse) pourrait-elle prétendre au même résultat? Rien qu'à le poursuivre, elle se rendrait par son exécution laborieuse, inaccessible à la foule; car, c'est bien quelque chose pour le plain-chant de renfermer tant de beautés, sans perdre cette simplicité qui le fait tout à tous, et d'autres inappréciables avantages dont il va être parlé.

Ainsi, toujours identifié à la prière liturgique, il reflète les sentiments qui président aux différentes phases de l'année chrétienne, tel est son premier caractère. En voici quelques autres qui n'appartiennent encore qu'à lui; il suffira de les indiquer.

Dans tout ce que la religion consacre à son usage, on retrouve (autant que les choses du ciel peuvent transmettre leur nature à celles de la terre) les mêmes caractères d'unité, d'universalité, d'antiquité, de perpétuité, de popularité qui la distinguent elle-même. Il ne sera pas téméraire de les rechercher dans la musique de la liturgie.

Unité, universalité. Malgré la pluralité des rites, les divergences de tradition qui existent dans les différentes parties de l'univers catholique, le plain-chant est en usage partout, et partout le même, quoique les idiômes de cette langue varient indéfiniment. Mais ce n'est pas une mélodie plus ou moins altérée, tronquée dans un pays, allongée dans un autre, ce n'est même pas la disparité absolue des mélodies, qui peuvent le dénaturer dans son essence. Qu'il s'appelle Ambroisien, Grégorien, Romain, Gallican, au fond, c'est tout un. Sa dénomination seule est une définition exacte et complète, qui le met hors de parallèle avec toute autre musique. Sans doute, l'unité jusque dans la forme serait désirable. On aimerait à chanter les mêmes mélodies dans tous les temples catholiques; et vers ce but tendent les efforts réunis de la religion et des arts. Mais, il n'en est pas moins vrai de dire qu'il y a unité de nature dans le chant liturgique de tous les diocèses, qu'il s'exécute partout dans les mêmes conditions (1), dans le même esprit religieux, et que nulle part, il ne se fait d'office catholique sans sa participation. En vue de cette universalité, nous l'appelons nous-même dans ce travail : chant catholique.

Antiquité, perpétuité, immutabilité. La mélodie, a-t-on écrit quelque part, est de tous les temps et de tous les lieux.

L'homme n'invente rien, il développe et applique à son gré,

____

(1) On a bien compris, je l'espère, qu'il ne s'agit pas ici de l'exécution matérielle. Nous traiterons prochainement cet autre sujet.

mais ne crée point. Le langage et l'écriture lui ont été donnés ; de même, selon toute apparence, le premier usage de sa voix n'a pas été l'effet du hasard. Soit qu'il ait entendu les concerts angéliques, soit que le créateur lui ait révélé le besoin de donner aux sentiments un accent mélodieux, une pieuse tradition veut que dès le paradis terrestre l'homme ait chanté sa prière, et que ces mélodies primordiales transmises d'âge en âge à travers bien des altérations, aient passé des hébreux aux chrétiens, et soient conservées dans nos livres liturgiques, où elles gisent çà et là confondues avec des inspirations postérieures. Mais si, dédaignant les conjectures de la légende, nous ne faisons remonter le plain-chant qu'à l'origine du christianisme, son antiquité n'en est pas moins environnée de prestige. « La perpétuité de la foi qui est le caractère « propre de l'institution catholique, doit empreindre de son « immuable sceau les formes même de l'art, comme elle l'a « fait pour la liturgie, dont l'art est l'organe extérieur » (1). Voilà pourquoi le type catholique, au milieu des vicissitudes du goût musical, s'est préservé jusqu'à nos jours. On le suit à travers les siècles revêtant des expressions variables, s'enrichissant aux jours de foi, de splendeurs inconnues, se substilisant, s'amaigrissant sous les doigts des pédagogues, aux ères de décadence et de scepticisme, mais conservant toujours l'indélébile empreinte dont il est divinement marqué, et aujourd'hui, on le retrouve après plusieurs siècles d'outrages et de mutilation systématique, prêt à renaître le dernier, mais non le moins éclatant, dans cette rénovation universelle des arts chrétiens.

Popularité. Voilà sa plus saisissable prérogative. Il s'agissait d'avoir un chant digne des mystères chrétiens, et qui fût en même temps à la portée de tous, de sorte que, sans efforts

____

(1) Stéphen Morelot.

comme sans études, tous le comprissent et l'exécutâssent
spontanément. On sait comment l'Eglise a réussi. Tout ce
qu'elle enfante est nécessairement populaire. « Le plain-chant
« est la musique du peuple, celle qu'il sait chanter et se plaît
« à fredonner au sein des campagnes comme dans les basili-
« ques. Elle parle à son cœur, elle prie avec lui, parce qu'elle
« est grave et simple comme ses prières, elle a le talent de
« ne point couper et recouper cent fois le même mot comme
« cette musique profane à travers les sons confus de laquelle
« les érudits ont peine à retrouver la suite des mots que le
« pauvre peuple ne peut organiser dans un pêle-mêle
« étrange » (1). Tout a été dit sur la popularité du plain-
chant. Déjà saint Jean Chrysostôme pouvait s'écrier de son
temps : « Jeunes et vieux, pauvres et riches, femmes, hommes,
« esclaves, citoyens, tous nous n'avons formé qu'une seule
« mélodie. » La même remarque ne serait faisable aujour-
d'hui que dans les églises où l'assistance entière prend part à
la prière chantée (2). Mais on voit encore la même mélodie
catholique alimenter la piété de l'humble et pauvre femme
illétrée, et élever l'âme des plus grands génies, intéresser
l'ignorance, et fournir au plus profond harmoniste un thème
de savantes études. L'apprendre et l'exécuter n'est pas réservé
seulement aux organisations exceptionnelles; une oreille peu
délicate l'apprécie, une voix inculte la profère aisément, tandis
qu'un chanteur s'en délecte et qu'un habile accompagnateur
y découvre de ravissantes modulations. « L'Eglise veut que

(1) Feuilleton de l'Univers, octobre 1842.

(2) Le fait est si rare qu'un touriste fort judicieux disait en parlant
de la chapelle catholique de Douvres : « Son prix c'est la pieuse attitude
« de l'assistance, c'est la part sincère qu'elle prend au chant que non-
« seulement elle accompagne, mais qu'elle exécute elle-même d'une
« voix unanime comme son cœur. » Bailly. Univers, 17 octobre 1850.
Impressions d'un excursionnaire.

« la musique qu'elle emploie soit douce , élégante, pleine de
« grâce et de majesté, assez belle pour commander l'admi-
« ration des savants et des profanes, assez simple pour con-
« venir aux pauvres comme aux riches, aux érudits comme
« aux ignorants, aux hommes faits comme aux enfants......
« c'est parce que le plain-chant répondait à tous les besoins,
« à toutes les exigences, que l'Eglise l'a choisi, et n'a cessé
« d'en recommander l'étude (1). »

C'est de la popularité telle que la religion seule peut l'entendre et l'acquérir dans les arts, ces puissants corollaires de
l'enseignement de sa doctrine, et de l'exercice du culte catholique.

(1) Danjou. Revue de la musique, 1er. vol. page 120.

Caen, imp. de A Hardel. Septembre 1852.